AF292605

Herausgegeben von: Holger Kiefer
(https://kiefer-coaching.de)
Verlagslabel: Kiefer-Coaching-Verlag
ISBN:
Softcover 978-3-384-16125-3
Druck und Distribution im Auftrag :
tredition GmbH, Heinz-Beusen-Stieg 5, 22926 Ahrensburg, Germany

Mein Ausmalbuch zum Buchstabenlernen

Intuitives Buchstaben schreiben lernen von klein auf

Holger Kiefer

Kiefer-Coaching.de

Mm

DIESES BUCH
IST FÜR:

....

....

Du wirst Buchstaben lieben

Aa

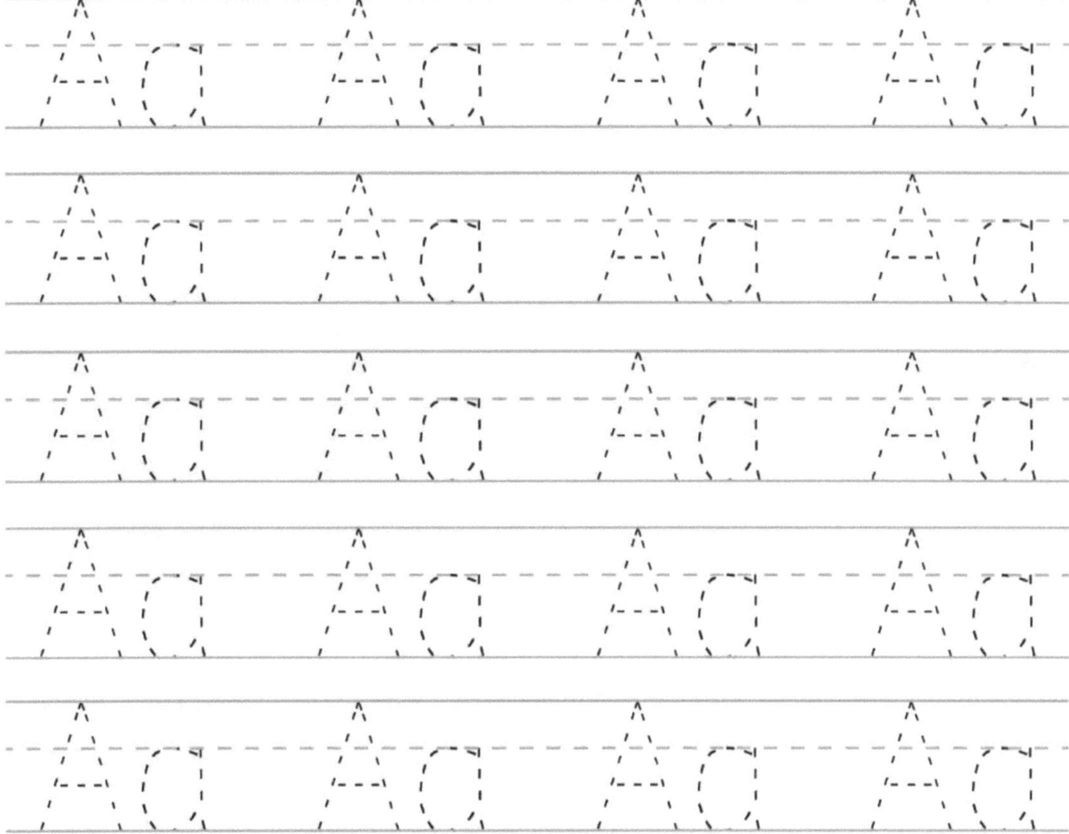

Ää

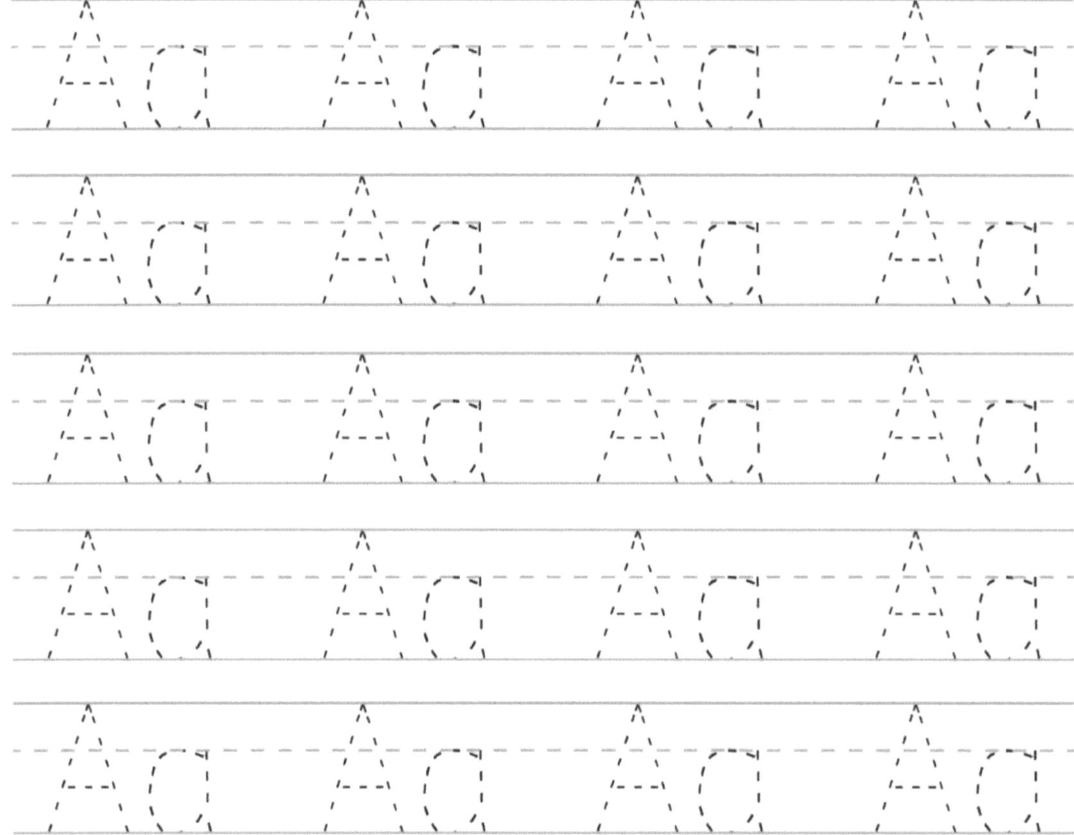

Bb

C c

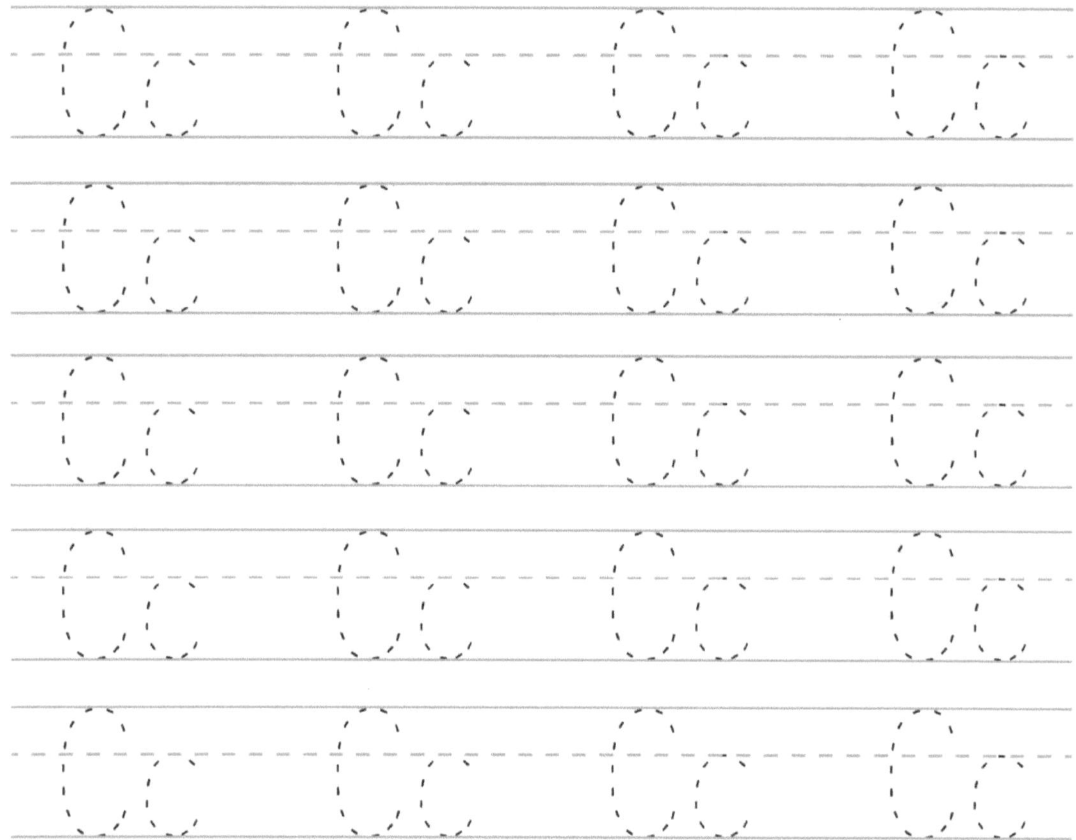

Dd

Ee

Ff

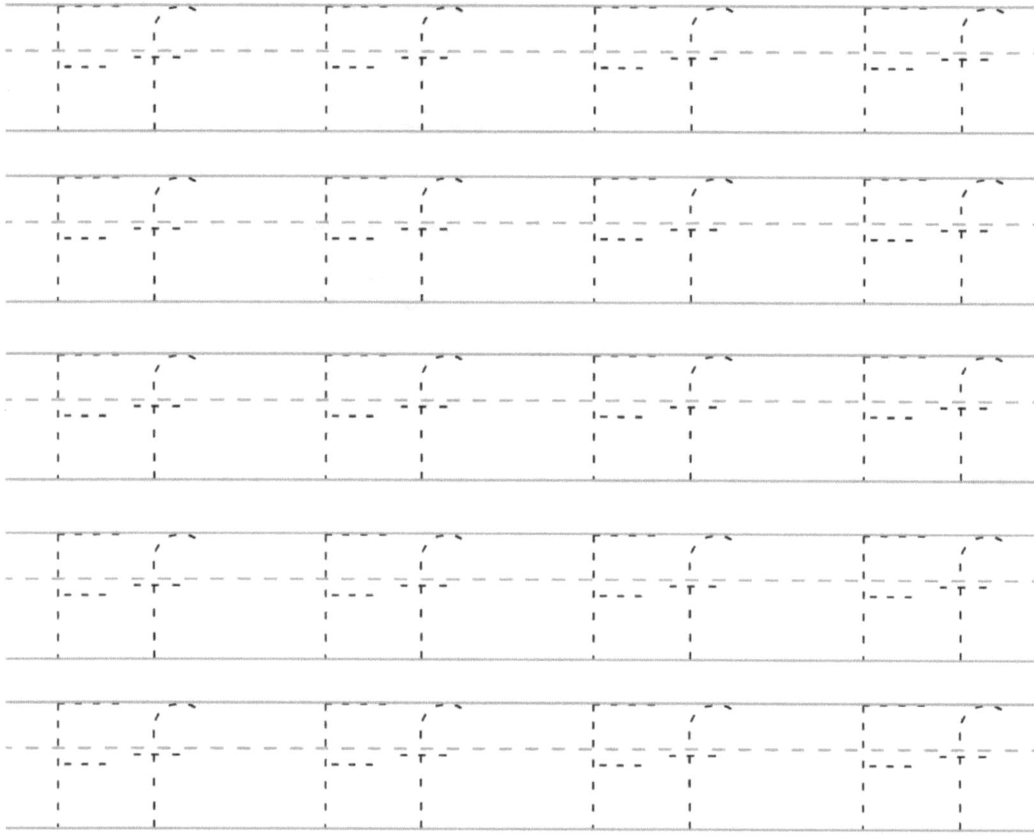

Gg

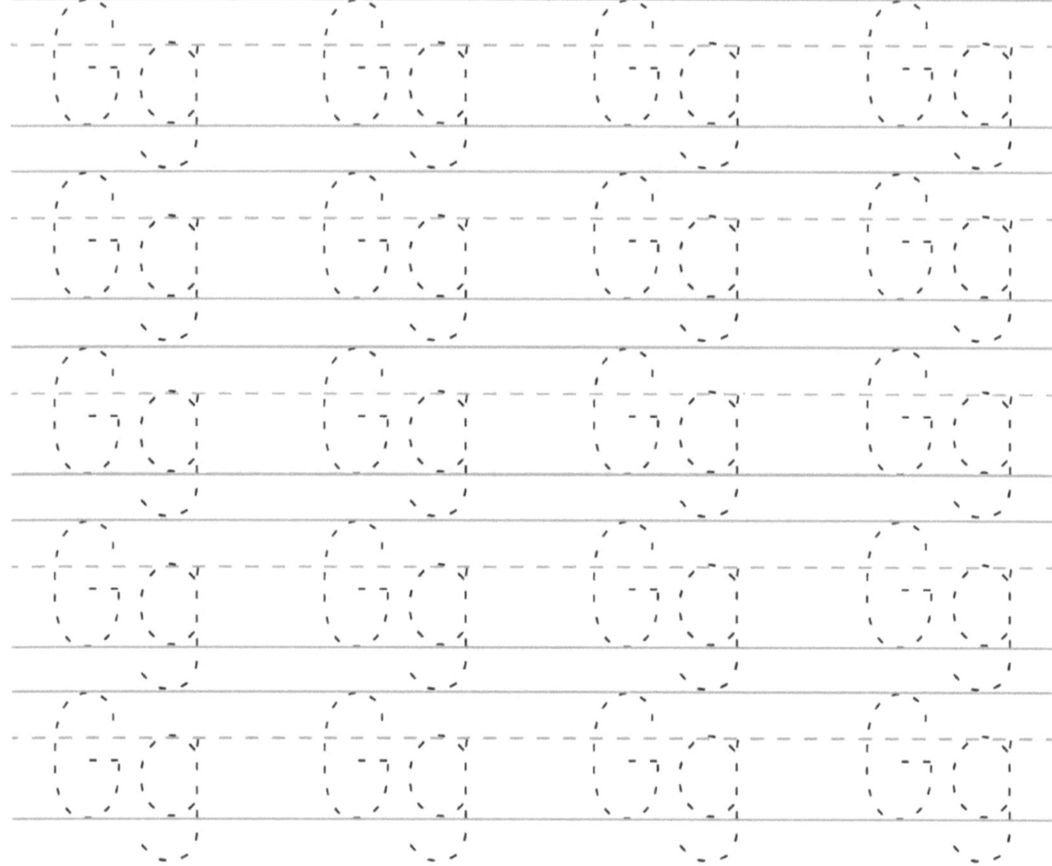

Hh

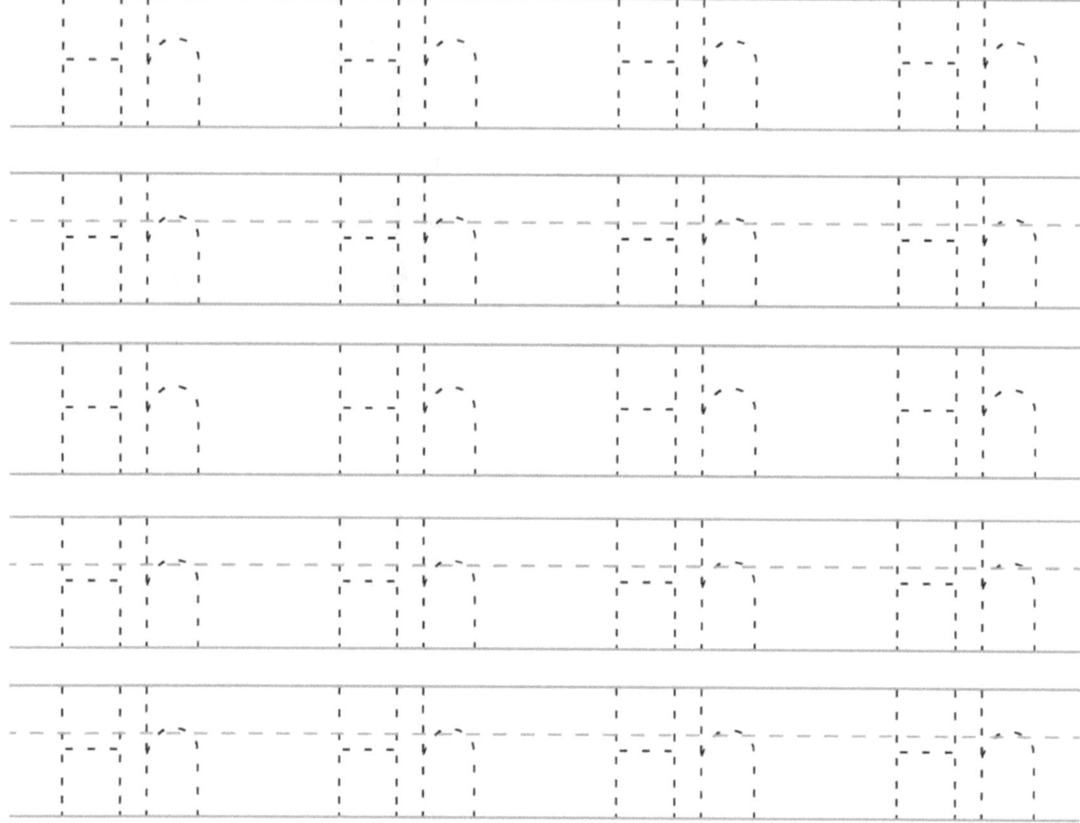

Ii

J j

Kk

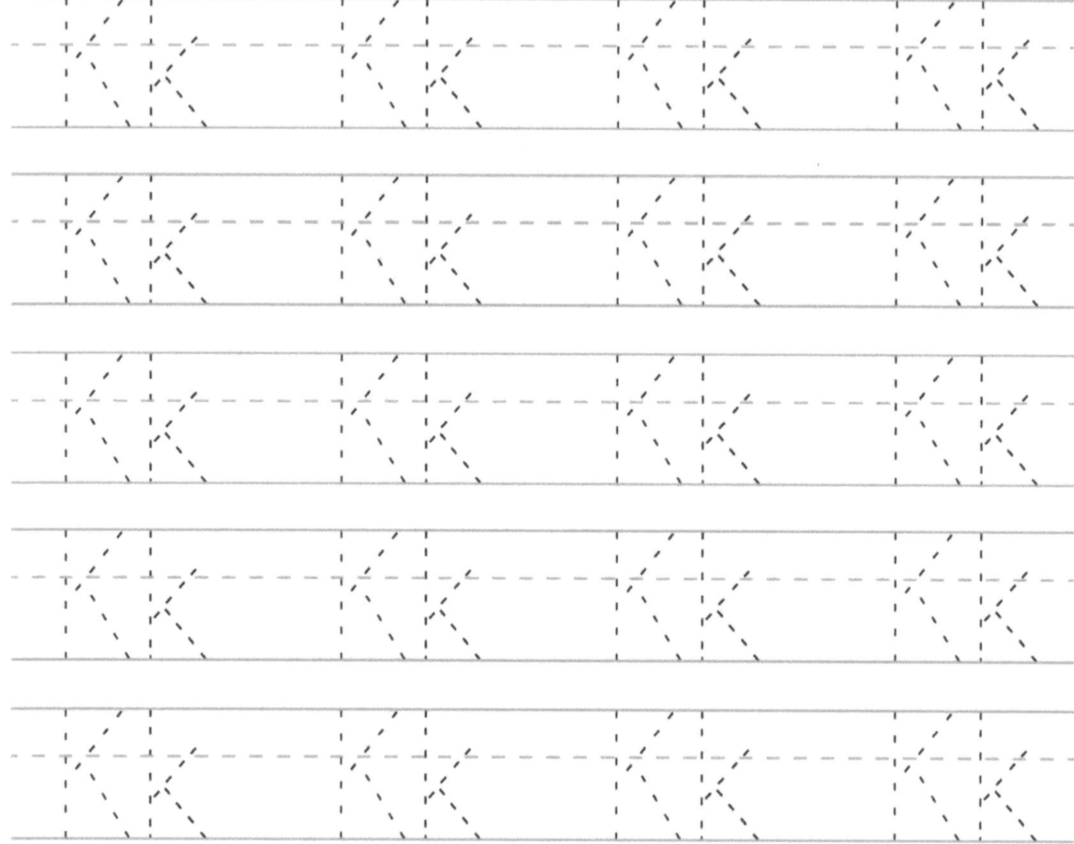

Ll

Mm

Nn

Oo

Öö

P p

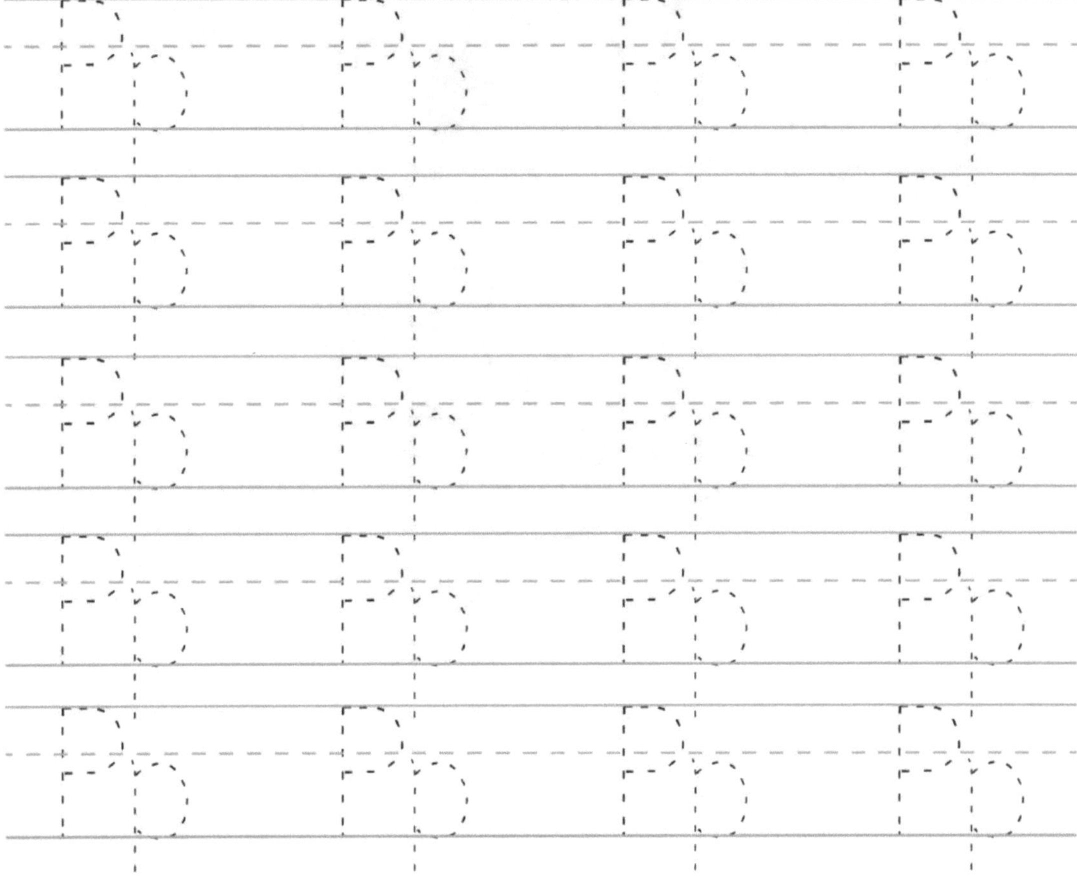

Qq

Rr

Ss

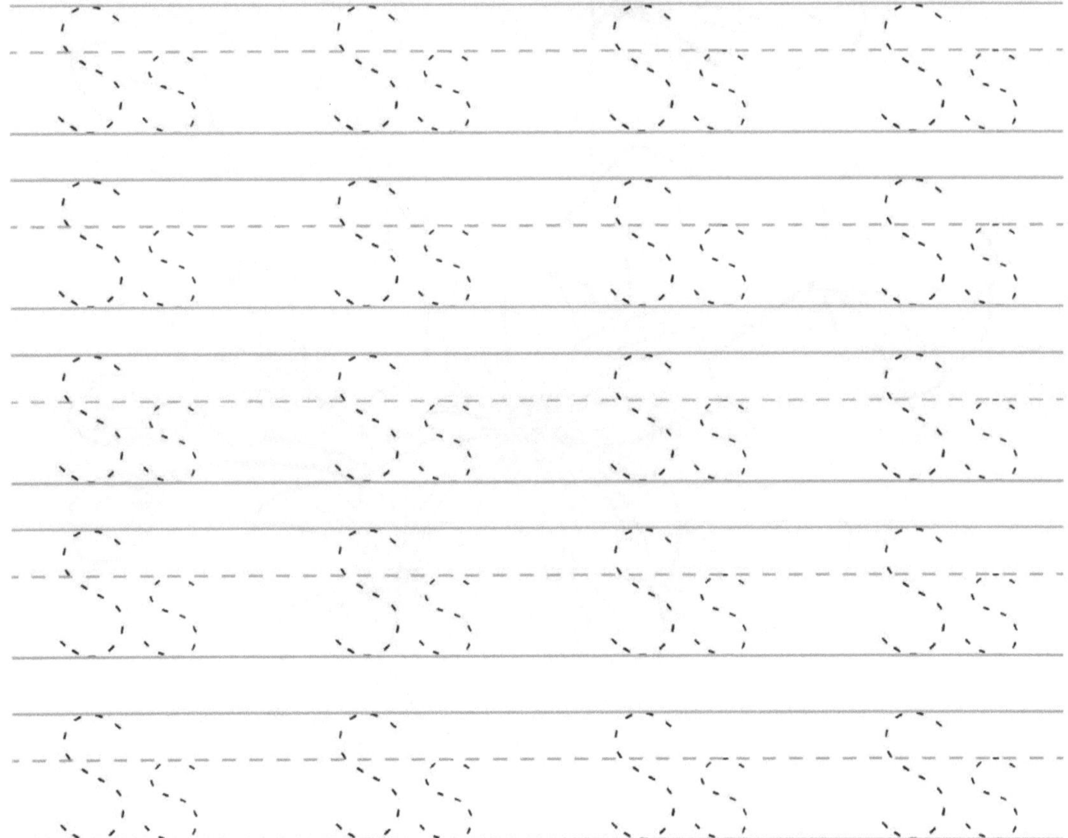

T t

Uu

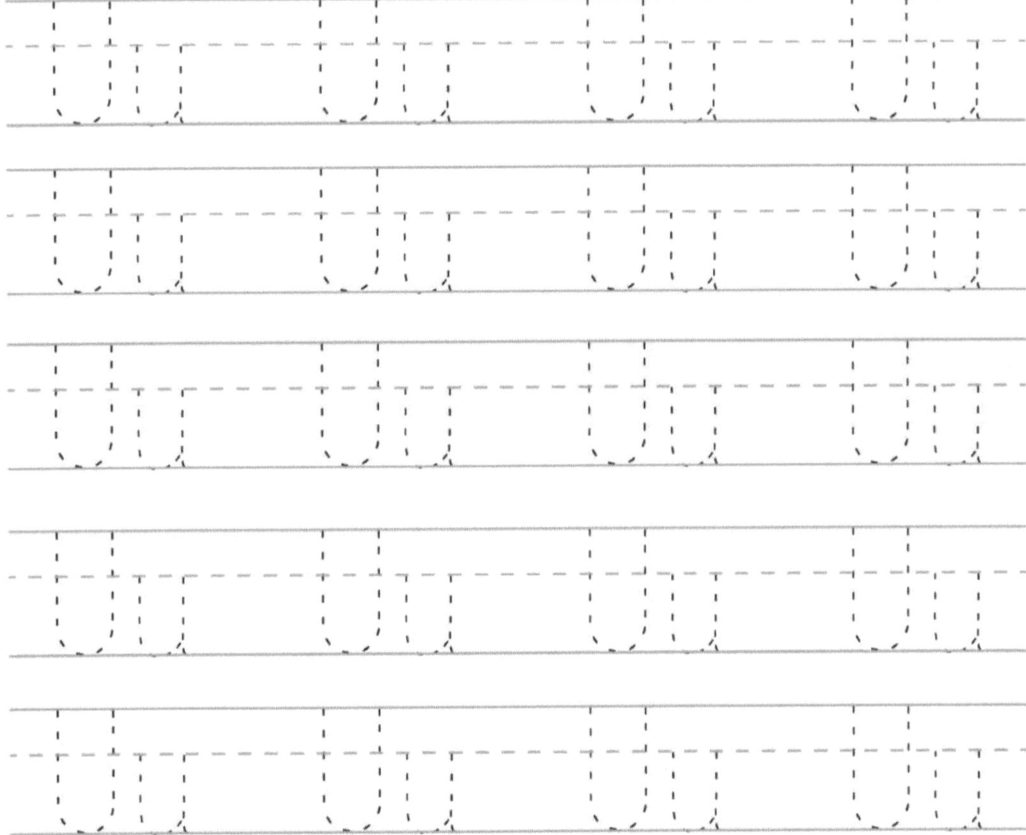

Üü

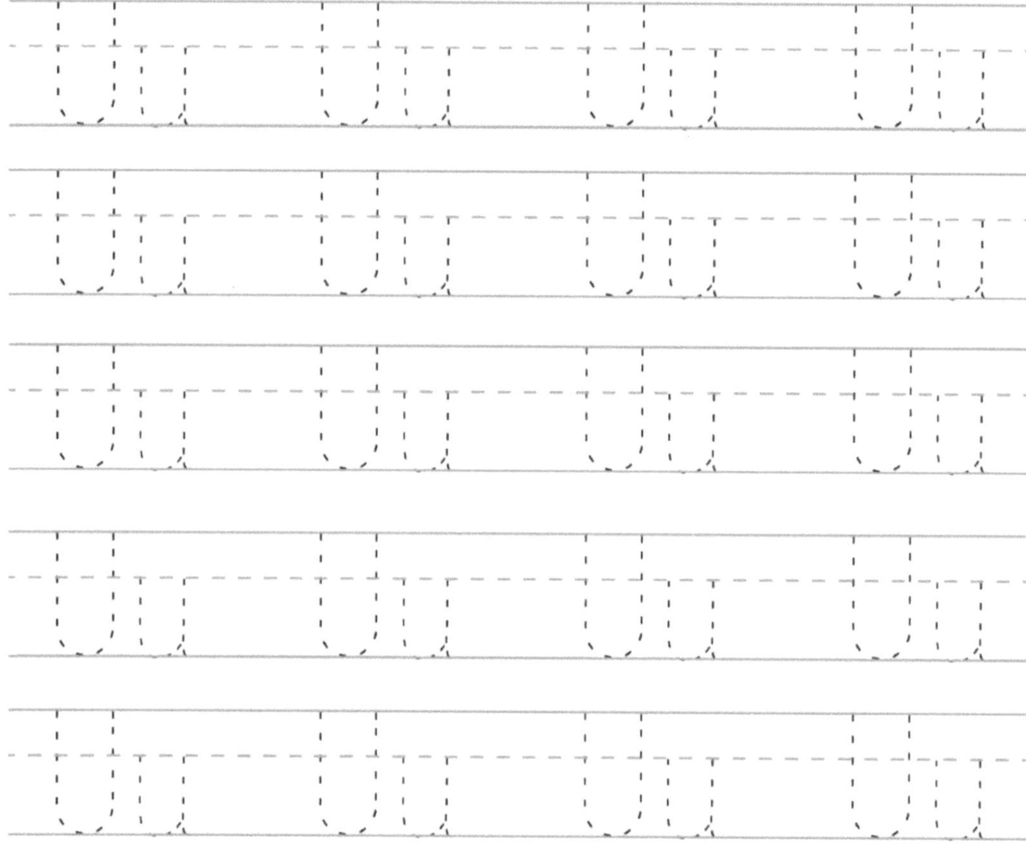

Ww

Xx

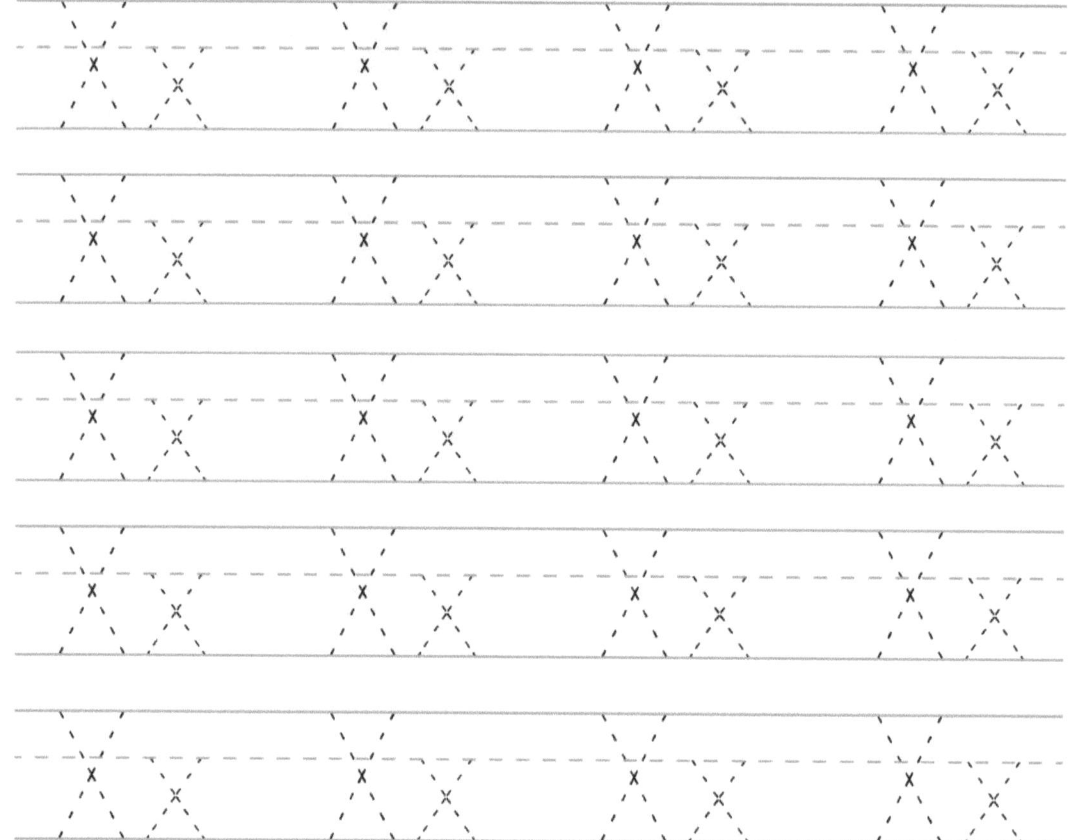

Yy

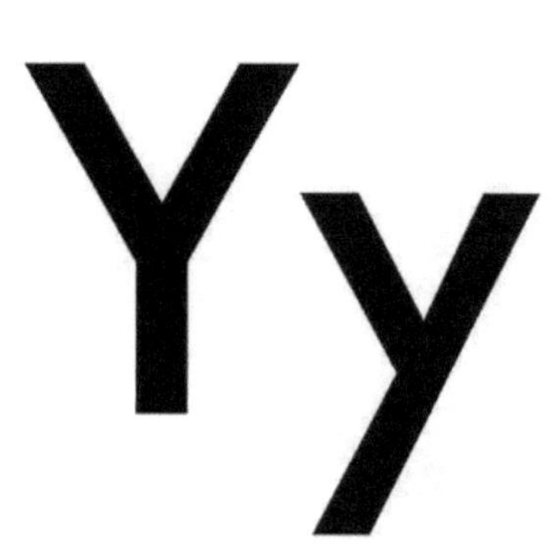

Zz

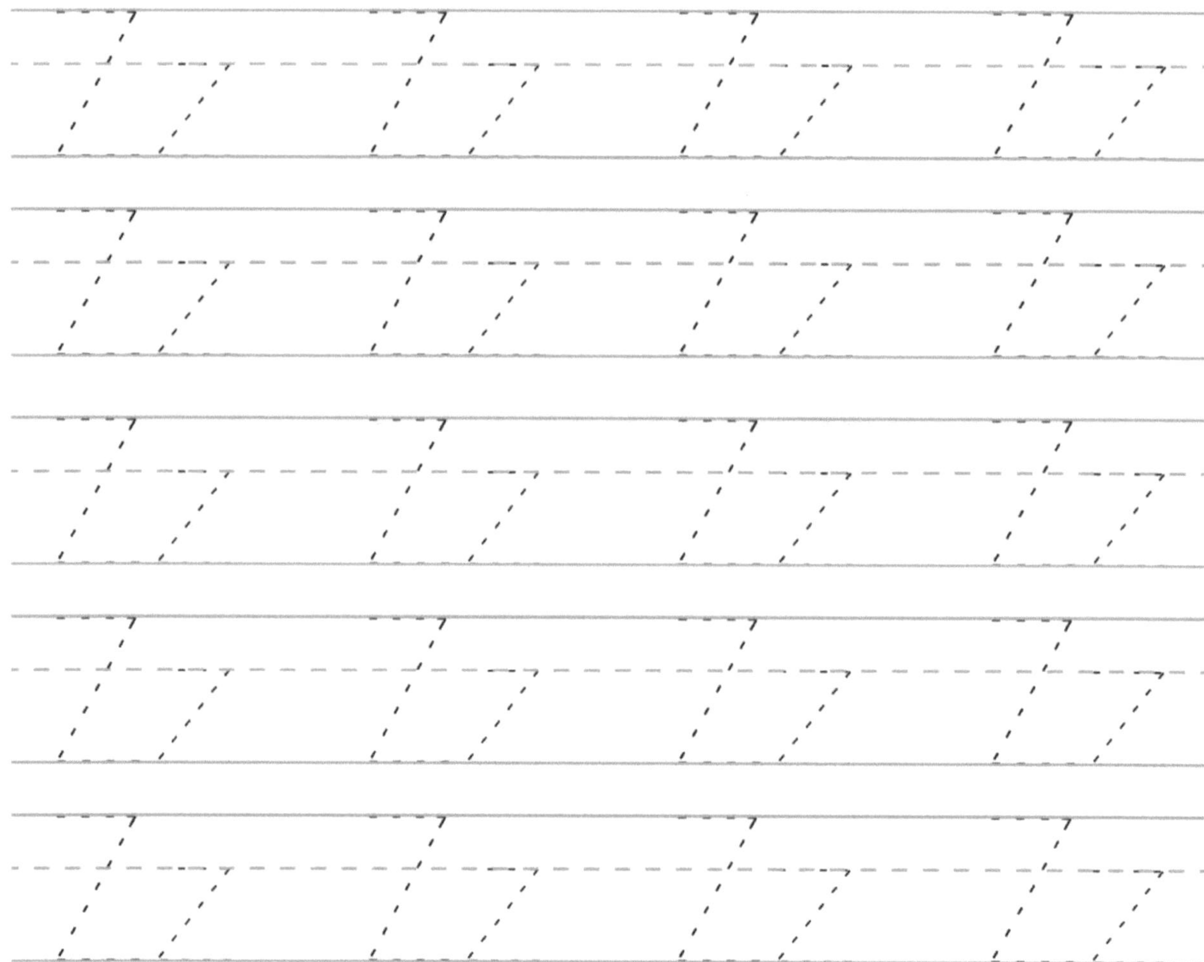

Impressum

Autor und Design
Holger Kiefer
Kopernikusstr. 14
D-90766 Fürth
0162-9291723
beratungholgerkiefer@gmx.de
Copyright by Holger Kiefer

Eine Reihe von Büchern für Erwachsene von mir geschrieben finden sich auf:
https://heil-weg.de/verlag und auf https://kiefer-coaching.de/verlag

Meine Bücher zu Themen der Gesundheit beim heil-weg.de/verlag:
Depressionen besser verstehen und überwinden für Kinder Jugendliche Erwachsene

Marc Segar ich habe Asperger-Syndrom
Mein Leben, meine Erfahrung, wie man als Autist besser überlebt

CBD-Öl zur Behandlung von Autismus – Studie bei Autismus-Spektrum-Störung
Wenn Neuleptil, Abilify, Tavor bei Autismus-Spektrum-Störungen nicht helfen

Autismus und Schlaf bei Autismus-Spektrum-Störungen
Studien zur Behandlung und Bewältigung von Schlafproblemen mit Autismus-Spektrum-Störungen

Stammzelltherapie bei Autismus – Pro und Kontra: Aktuelle Studien – S3-Leitlinie

Diagnose Insomnie – Schlafstörung
Neurodegenerative Erkrankung Schlafstörungen

So entsteht ein Mensch – von der Befruchtung bis zur Geburt
Ratgeber Schwangerschaft – Alle Phasen der Entwicklung von Mutter und Kind

Alkohol Krankheiten und ihre Folgen Krebs durch Alkohol das Krebsrisiko Alkoholismus:
Alkoholiker welche Krebsarten löst Alkohol aus – Erfahrungen – Informationen zu Alkoholsucht

Krebs durch Alkohol das Krebsrisiko – Welche Krebsarten löst Alkohol aus – Erfahrungen –
Informationen

Alkoholentzug und Entzugserscheinungen Alkoholentzugssyndrom – Alkoholismus Alkoholentzug
Therapie bei Alkoholabhängigkeit

Alkohol gesundheitliche Folgen von Alkoholismus körperliche Symptome und Auswirkungen auf
die Psyche – Alkoholismus Leitfaden für Fachkräfte

Ernährung für einen gesunden Darm – Empfohlene Ernährungstipps für eine gesunde Verdauung
nicht nur bei Magen-Darmproblem

Basiswissen Alzheimer – Alzheimer Demenz, Symptome und Hilfe für Angehörige

Schlafstörungen bei Alzheimer
Anzeichen für Alzheimer Schlafprobleme bewältigen – Prävention, neue Medikamente und Studien

Erworbene Hirnverletzung Schädel Hirn Trauma SHT – Gehirnverletzung Anzeichen Symptome
Behandlung Verlauf Folgen und Spätfolgen von Schädel Hirn Trauma

Abulie und Akinetischer Mutismus Symptome – Abulie Mangel an Willenskraft Initiative
Antriebslosigkeit Langsamkeit des Denkens Bradyphrenie Sprachstörung

Gut zu wissen – so funktioniert das Gehirn. Die Geheimnisse des Gehirns: Von der Hardware zur Software des erfolgreichen Denkens

Das Schlaf Buch – Schlaf gut ohne Schlafprobleme
Schlaflosigkeit? – Endlich den Schlaf verbessern – nie mehr Schlaflos bei Agrypnie, Insomnie und Hyposomnie

Das Rückenprobleme Buch – Rückenschmerzen was hilft schnell – Heilverfahren TCM, Ayurveda, Übungen zusätzlich Ursachen Ödeme und Psychosomatische Beschwerden

Darmsanierung durch Darmflora Aufbau: Tipps zur Darmkur

Powerfood für Kinder und Jugendliche: Gesunde Ernährung für Kinder Ratgeber für Eltern
Der Ernährungsratgeber: Für Säuglinge und Kleinkinder, Kinder und Jugendliche, Erwachsene, schwangere Frauen und stillende Mütter sowie ältere Erwachsene

Alles über Sonnenbrand und Sonnenschutz
Bewährte Hausmittel bei Sonnenbrand und mehr

Philosophen über Zufriedenheit – Zitate
Philosophie Glück – Zufriedenheit lernen – Zufriedenheit im Leben Zitate der bekanntesten Philosophen

Meine Bücher zu untterschiedlichen Themen beim kiefer-coaching.de/verlag:

Gratis Buch Kinderbuchkatalog

Horace das Einzigartige Nilpferd Eine Geschichte über Selbstakzeptanz
Das Buch Horace das Einzigartige Nilpferd ein Buch zum Vorlesen, Lesen und Ausmalen

Das Schildbürger Buch anno dazumal
Eine moderne Neuerzählung der Schildbürger für alle Altersgruppen – mit entzückenden Pixelgrafiken

Weihnachtbaumverbot Kita: Die verrückten Entscheidungen der Schildbürger
Schildbürgerstreich Kindergarten: Wie der Weihnachtsbaum verbannt wurde

Glücklich als Single 49 Tipps für Singles

Friedensnobelpreis 2023 für die iranische Aktivistin Narges Mohammadi

Abulie – Die verlorene Spur – Mein Kampf gegen den stillen Antriebsverlust

Manifestieren Sie ihre Träume

Selbstwert von innen heraus

Was sind NFTs? – 4 YOU die NFT-Anleitung

Geld verdienen mit Devisenhandel Forex Trading

Konzentrationstraining für Kinder von Klein bis Groß Arbeitsbuch und Anleitung

Dark Triad – Dunkle Triade
Narzissten – Psychopathen – Machiavelliste

Lernen von einem CIA-Agenten - die psychologische Kriegsführung
USA, China, Russland, Europa - jeder ist in Gefahr - Ein CIA-Insider packt aus
Die E-Book Version lautet: Verborgene Aktivitäten – wie man Menschen zu Spionen macht